| MONTH: | | | | YEAR: | | |
|---|---|---|---|---|---|---|
| S | M | T | W | T | F | S |
| | | | | | | |
| | | | | | | |
| | | | | | | |
| | | | | | | |
| | | | | | | |
| | | | | | | |

_____

_____

_____

_____

_____

_____

_____

Top 3 Goals For the Week

Week of: ____ / ____ to ____ / ____

_____

_____

_____

To Do

_____

_____

_____

_____

_____

_____

_____

_____

_____

_____

_____

_____

Things I'm Grateful For

MONDAY

TUESDAY

WEDNESDAY

THURSDAY

FRIDAY

SATURDAY

SUNDAY

# Today's Plan

Date: _____

Mon Tue Wed Thu Fri Sat Sun

Today's Goal(s) _____

_____

_____

## To Do Today

○ _____
○ _____
○ _____
○ _____
○ _____

## Daily Chores

○ _____
○ _____
○ _____
○ _____
○ _____

## Appointments

___:___  _____

___:___  _____

___:___  _____

___:___  _____

Hydrate  ⬩⬩⬩⬩⬩⬩⬩

Mood  ☺ 😐 ☹ 😟 😠

Exercise _____

_____

_____

## For Tomorrow

_____

_____

_____

_____

_____

_____

I Am Grateful For

# Today's Plan

Date: _____

Mon Tue Wed Thu Fri Sat Sun

Today's Goal(s) _____

_____

_____

**To Do Today**

O _____

O _____

O _____

O _____

O _____

**Daily Chores**

O _____

O _____

O _____

O _____

O _____

**Appointments**

___:___  _____

___:___  _____

___:___  _____

___:___  _____

Hydrate  ◇ ◇ ◇ ◇ ◇ ◇ ◇

Mood  ☺ ☺ ☹ ☹ ☹

Exercise _____

_____

_____

**For Tomorrow**

_____

_____

_____

_____

_____

I Am Grateful For

# Today's Plan

Date: _____

Mon Tue Wed Thu Fri Sat Sun

Today's Goal(s) _____

_____

_____

## To Do Today

O _____

O _____

O _____

O _____

O _____

## Daily Chores

O _____

O _____

O _____

O _____

O _____

## Appointments

___:___  _____

___:___  _____

___:___  _____

___:___  _____

Hydrate  ◊ ◊ ◊ ◊ ◊ ◊ ◊

Mood  ☺ 😐 ☹ 😦 😣

Exercise _____

_____

_____

## For Tomorrow

_____

_____

_____

_____

_____

_____

I Am Grateful For

# Today's Plan

Date: _____

Mon  Tue  Wed  Thu  Fri  Sat  Sun

Today's Goal(s)  _____

_____

_____

## To Do Today

○ _____
○ _____
○ _____
○ _____
○ _____

## Daily Chores

○ _____
○ _____
○ _____
○ _____
○ _____

## Appointments

___:___  _____
___:___  _____
___:___  _____
___:___  _____

Hydrate  ◇ ◇ ◇ ◇ ◇ ◇ ◇

Mood  ☺ 😐 ☹ 😟 😠

Exercise  _____

_____

_____

## For Tomorrow

_____

_____

_____

_____

_____

I Am Grateful For

# Today's Plan

Date: _____

Mon  Tue  Wed  Thu  Fri  Sat  Sun

Today's Goal(s)  _____

_____

_____

| To Do Today | Daily Chores |
|---|---|
| ○ _____ | ○ _____ |
| ○ _____ | ○ _____ |
| ○ _____ | ○ _____ |
| ○ _____ | ○ _____ |
| ○ _____ | ○ _____ |

Appointments

___:___  _____

___:___  _____

___:___  _____

___:___  _____

Hydrate  ○ ○ ○ ○ ○ ○ ○

Mood  😊 😐 🙁 😦 😠

Exercise  _____

_____

_____

For Tomorrow

_____

_____

_____

_____

_____

_____

I Am Grateful For

# Today's Plan

Date: _____

Mon Tue Wed Thu Fri Sat Sun

Today's Goal(s) _____

_____

_____

## To Do Today

O _____

O _____

O _____

O _____

O _____

## Daily Chores

O _____

O _____

O _____

O _____

O _____

## Appointments

___:___  _____

___:___  _____

___:___  _____

___:___  _____

Hydrate  ⬤⬤⬤⬤⬤⬤⬤

Mood  ☺ 😐 ☹ 😦 😠

Exercise _____

_____

_____

## For Tomorrow

_____

_____

_____

_____

_____

I Am Grateful For

# Today's Plan

Date: _____

Mon Tue Wed Thu Fri Sat Sun

Today's Goal(s) _____

_____

_____

### To Do Today

○ _____

○ _____

○ _____

○ _____

○ _____

### Daily Chores

○ _____

○ _____

○ _____

○ _____

○ _____

### Appointments

___:___  _____

___:___  _____

___:___  _____

___:___  _____

Hydrate ◌ ◌ ◌ ◌ ◌ ◌ ◌

Mood ☺ 😐 ☹ ☹ 😠

Exercise _____

_____

_____

### For Tomorrow

_____

_____

_____

_____

_____

_____

I Am Grateful For

## NOTES

## THOUGHTS

| MONTH: | | | | YEAR: | | |
|--------|---|---|---|---|---|---|
| S | M | T | W | T | F | S |
| | | | | | | |
| | | | | | | |
| | | | | | | |
| | | | | | | |
| | | | | | | |
| | | | | | | |

_____

_____

_____

_____

_____

_____

Top 3 Goals For the Week

Week of: _____ / _____ to _____ / _____

_____

_____

_____

To Do

_____

_____

_____

_____

_____

_____

_____

_____

_____

_____

_____

_____

Things I'm Grateful For

MONDAY

TUESDAY

WEDNESDAY

THURSDAY

FRIDAY

SATURDAY

SUNDAY

# Today's Plan

Date: _____

Mon Tue Wed Thu Fri Sat Sun

Today's Goal(s) _____

_____

_____

## To Do Today

○ _____
○ _____
○ _____
○ _____
○ _____

## Daily Chores

○ _____
○ _____
○ _____
○ _____
○ _____

## Appointments

___:___  _____

___:___  _____

___:___  _____

___:___  _____

Hydrate ○ ○ ○ ○ ○ ○ ○

Mood 🙂 😐 🙁 ☹️ 😖

Exercise _____

_____

_____

## For Tomorrow

_____

_____

_____

_____

_____

I Am Grateful For

# Today's Plan

Date: _____

Mon Tue Wed Thu Fri Sat Sun

Today's Goal(s) _____

_____

_____

To Do Today

○ _____

○ _____

○ _____

○ _____

○ _____

Daily Chores

○ _____

○ _____

○ _____

○ _____

○ _____

Appointments

___:___  _____

___:___  _____

___:___  _____

___:___  _____

Hydrate ⬠⬠⬠⬠⬠⬠⬠

Mood 🙂 😐 🙁 😞 😣

Exercise _____

_____

_____

For Tomorrow

I Am Grateful For

_____

_____

_____

_____

_____

# Today's Plan

Date: _____

Mon  Tue  Wed  Thu  Fri  Sat  Sun

Today's Goal(s) _____

_____

_____

## To Do Today

○ _____

○ _____

○ _____

○ _____

○ _____

## Daily Chores

○ _____

○ _____

○ _____

○ _____

○ _____

## Appointments

___:___  _____

___:___  _____

___:___  _____

___:___  _____

Hydrate  ⬭ ⬭ ⬭ ⬭ ⬭ ⬭ ⬭

Mood  ☺ 😐 ☹ ☹ ☹

Exercise  _____

_____

_____

## For Tomorrow

_____

_____

_____

_____

_____

_____

I Am Grateful For

# Today's Plan

Date: _____

Mon Tue Wed Thu Fri Sat Sun

Today's Goal(s) _____

_____

_____

### To Do Today

○ _____
○ _____
○ _____
○ _____
○ _____

### Daily Chores

○ _____
○ _____
○ _____
○ _____
○ _____

### Appointments

___:___  _____

___:___  _____

___:___  _____

___:___  _____

Hydrate ◇◇◇◇◇◇◇

Mood ☺ 😐 ☹ 🙁 😠

Exercise _____

_____

_____

### For Tomorrow

_____

_____

_____

_____

_____

I Am Grateful For

# Today's Plan

Date: _____

Mon  Tue  Wed  Thu  Fri  Sat  Sun

Today's Goal(s) _____

_____

_____

## To Do Today

○ _____

○ _____

○ _____

○ _____

○ _____

## Daily Chores

○ _____

○ _____

○ _____

○ _____

○ _____

## Appointments

___:___   _____

___:___   _____

___:___   _____

___:___   _____

Hydrate  ◯ ◯ ◯ ◯ ◯ ◯ ◯

Mood  ☺ 😐 ☹ 🙁 😖

Exercise _____

_____

_____

## For Tomorrow

_____

_____

_____

_____

_____

_____

I Am Grateful For

# Today's Plan

Date: _____
Mon  Tue  Wed  Thu  Fri  Sat  Sun

Today's Goal(s)  _____
_____
_____

To Do Today

○ _____
○ _____
○ _____
○ _____
○ _____

Daily Chores

○ _____
○ _____
○ _____
○ _____
○ _____

Appointments

___:___  _____
___:___  _____
___:___  _____
___:___  _____

Hydrate  ◊ ◊ ◊ ◊ ◊ ◊ ◊
Mood  ☺ ☺ ☹ ☹ ☹
Exercise  _____
_____
_____

For Tomorrow

_____
_____
_____
_____
_____

I Am Grateful For

# Today's Plan

Date: _____

Mon  Tue  Wed  Thu  Fri  Sat  Sun

Today's Goal(s) _____

_____

_____

To Do Today

○ _____
○ _____
○ _____
○ _____
○ _____

Daily Chores

○ _____
○ _____
○ _____
○ _____
○ _____

Appointments

___:___  _____

___:___  _____

___:___  _____

___:___  _____

Hydrate ○ ○ ○ ○ ○ ○ ○

Mood  😊 😐 ☹️ 😖 😣

Exercise _____

_____

_____

For Tomorrow

_____

_____

_____

_____

_____

I Am Grateful For

**NOTES**

**THOUGHTS**

| MONTH: | | | | YEAR: | | |
|---|---|---|---|---|---|---|
| S | M | T | W | T | F | S |
| | | | | | | |
| | | | | | | |
| | | | | | | |
| | | | | | | |
| | | | | | | |
| | | | | | | |

_____

_____

_____

_____

_____

_____

Top 3 Goals For the Week

Week of: _____ / _____ to _____ / _____

_____

_____

_____

To Do

_____

_____

_____

_____

_____

_____

_____

_____

_____

_____

Things I'm Grateful For

| MONDAY |
| --- |
|  |

| TUESDAY |
| --- |
|  |

| WEDNESDAY |
| --- |
|  |

| THURSDAY |
| --- |
|  |

| FRIDAY |
| --- |
|  |

| SATURDAY |
| --- |
|  |

| SUNDAY |
| --- |
|  |

# Today's Plan

Date: _____

Mon Tue Wed Thu Fri Sat Sun

Today's Goal(s) _____

_____

_____

### To Do Today

○ _____
○ _____
○ _____
○ _____
○ _____

### Daily Chores

○ _____
○ _____
○ _____
○ _____
○ _____

### Appointments

___:___  _____

___:___  _____

___:___  _____

___:___  _____

Hydrate ◌ ◌ ◌ ◌ ◌ ◌ ◌

Mood ☺ 😐 ☹ 😞 😠

Exercise _____

_____

_____

### For Tomorrow

_____

_____

_____

_____

_____

I Am Grateful For

# Today's Plan

Date: _____

Mon  Tue  Wed  Thu  Fri  Sat  Sun

Today's Goal(s) _____

_____

_____

### To Do Today

○ _____
○ _____
○ _____
○ _____
○ _____

### Daily Chores

○ _____
○ _____
○ _____
○ _____
○ _____

### Appointments

___:___  _____

___:___  _____

___:___  _____

___:___  _____

Hydrate  ◊ ◊ ◊ ◊ ◊ ◊ ◊

Mood  ☺ 😐 ☹ 😦 😠

Exercise _____

_____

_____

### For Tomorrow

_____

_____

_____

_____

_____

I Am Grateful For

# Today's Plan

Date: _____

Mon  Tue  Wed  Thu  Fri  Sat  Sun

Today's Goal(s) _____

_____

_____

To Do Today

○ _____
○ _____
○ _____
○ _____
○ _____

Daily Chores

○ _____
○ _____
○ _____
○ _____
○ _____

Appointments

___:___   _____
___:___   _____
___:___   _____
___:___   _____

Hydrate ○ ○ ○ ○ ○ ○ ○

Mood 😊 😐 🙁 ☹️ 😣

Exercise _____
_____
_____

I Am Grateful For

For Tomorrow

_____

_____

_____

_____

_____

# Today's Plan

Date: _____

Mon Tue Wed Thu Fri Sat Sun

Today's Goal(s) _____

_____

_____

### To Do Today

○ _____

○ _____

○ _____

○ _____

○ _____

### Daily Chores

○ _____

○ _____

○ _____

○ _____

○ _____

### Appointments

____:____  _____

____:____  _____

____:____  _____

____:____  _____

Hydrate ⬭ ⬭ ⬭ ⬭ ⬭ ⬭ ⬭

Mood 😊 😐 🙁 ☹️ 😣

Exercise _____

_____

_____

### For Tomorrow

_____

_____

_____

_____

_____

I Am Grateful For

# Today's Plan

Date: _____

Mon Tue Wed Thu Fri Sat Sun

Today's Goal(s) _____

_____

_____

To Do Today

○ _____
○ _____
○ _____
○ _____
○ _____

Daily Chores

○ _____
○ _____
○ _____
○ _____
○ _____

Appointments

___:___  _____

___:___  _____

___:___  _____

___:___  _____

Hydrate ○○○○○○○

Mood ☺ 😐 🙁 😟 😠

Exercise _____

_____

_____

For Tomorrow

_____

_____

_____

_____

_____

I Am Grateful For

# Today's Plan

Date: _____

Mon Tue Wed Thu Fri Sat Sun

Today's Goal(s) _____

_____

_____

### To Do Today

○ _____
○ _____
○ _____
○ _____
○ _____

### Daily Chores

○ _____
○ _____
○ _____
○ _____
○ _____

### Appointments

____:____ _____

____:____ _____

____:____ _____

____:____ _____

Hydrate ○○○○○○○○

Mood  ☺ 😐 ☹ 😦 😠

Exercise _____

_____

_____

### For Tomorrow

_____

_____

_____

_____

_____

I Am Grateful For

# Today's Plan

Date: _____
Mon  Tue  Wed  Thu  Fri  Sat  Sun

Today's Goal(s)  _____

_____

_____

## To Do Today

○ _____
○ _____
○ _____
○ _____
○ _____

## Daily Chores

○ _____
○ _____
○ _____
○ _____
○ _____

## Appointments

___:___  _____

___:___  _____

___:___  _____

___:___  _____

Hydrate  ◊ ◊ ◊ ◊ ◊ ◊ ◊

Mood  ☺ 😐 🙁 ☹ 😠

Exercise  _____

_____

_____

I Am Grateful For

## For Tomorrow

_____

_____

_____

_____

_____

NOTES

THOUGHTS

| MONTH: | | | | | YEAR: | |
|---|---|---|---|---|---|---|
| S | M | T | W | T | F | S |
| | | | | | | |
| | | | | | | |
| | | | | | | |
| | | | | | | |
| | | | | | | |
| | | | | | | |

_____

_____

_____

_____

_____

_____

## Top 3 Goals For the Week

Week of: _____ / _____ to _____ / _____

---
---
---

## To Do

---
---
---
---
---
---
---
---
---
---
---

## Things I'm Grateful For

| MONDAY |
| --- |
|  |

| TUESDAY |
| --- |
|  |

| WEDNESDAY |
| --- |
|  |

| THURSDAY |
| --- |
|  |

| FRIDAY |
| --- |
|  |

| SATURDAY |
| --- |
|  |

| SUNDAY |
| --- |
|  |

# Today's Plan

Date: _____

Mon Tue Wed Thu Fri Sat Sun

Today's Goal(s) _____
_____
_____

### To Do Today

O _____
O _____
O _____
O _____
O _____

### Daily Chores

O _____
O _____
O _____
O _____
O _____

### Appointments

___:___  _____

___:___  _____

___:___  _____

___:___  _____

Hydrate  ◊ ◊ ◊ ◊ ◊ ◊ ◊

Mood  ☺ 😐 ☹ 😦 😠

Exercise _____
_____
_____

I Am Grateful For

### For Tomorrow

_____
_____
_____
_____
_____

# Today's Plan

Date: _____

Mon Tue Wed Thu Fri Sat Sun

Today's Goal(s) _____

_____

_____

## To Do Today

○ _____
○ _____
○ _____
○ _____
○ _____

## Daily Chores

○ _____
○ _____
○ _____
○ _____
○ _____

## Appointments

___:___  _____

___:___  _____

___:___  _____

___:___  _____

| Hydrate | ◌ ◌ ◌ ◌ ◌ ◌ ◌ |
| Mood | ☺ 😐 ☹ ☹ 😣 |
| Exercise | _____ |
| | _____ |
| | _____ |

## For Tomorrow

_____

_____

_____

_____

_____

I Am Grateful For

# Today's Plan

Date: _____

Mon  Tue  Wed  Thu  Fri  Sat  Sun

Today's Goal(s) _____
_____
_____

### To Do Today

○ _____
○ _____
○ _____
○ _____
○ _____

### Daily Chores

○ _____
○ _____
○ _____
○ _____
○ _____

### Appointments

___:___  _____

___:___  _____

___:___  _____

___:___  _____

Hydrate  ◯ ◯ ◯ ◯ ◯ ◯ ◯

Mood  ☺ 😐 ☹ 😢 😠

Exercise _____
_____
_____

### For Tomorrow

_____
_____
_____
_____
_____

I Am Grateful For

# Today's Plan

Date: _____

Mon Tue Wed Thu Fri Sat Sun

Today's Goal(s) _____

_____

_____

### To Do Today

○ _____
○ _____
○ _____
○ _____
○ _____

### Daily Chores

○ _____
○ _____
○ _____
○ _____
○ _____

### Appointments

___:___  _____

___:___  _____

___:___  _____

___:___  _____

Hydrate ○○○○○○○

Mood  ☺ 😐 ☹ 😦 😠

Exercise _____

_____

_____

### For Tomorrow

_____

_____

_____

_____

_____

I Am Grateful For

# Today's Plan

Date: _____

Mon  Tue  Wed  Thu  Fri  Sat  Sun

Today's Goal(s)  _____

_____

_____

### To Do Today

O  _____

O  _____

O  _____

O  _____

O  _____

### Daily Chores

O  _____

O  _____

O  _____

O  _____

O  _____

### Appointments

___:___  _____

___:___  _____

___:___  _____

___:___  _____

Hydrate  ⬯ ⬯ ⬯ ⬯ ⬯ ⬯ ⬯

Mood  ☺ 😐 🙁 ☹ 😣

Exercise  _____

_____

_____

### For Tomorrow

_____

_____

_____

_____

_____

I Am Grateful For

# Today's Plan

Date: _____

Mon Tue Wed Thu Fri Sat Sun

Today's Goal(s) _____

_____

_____

## To Do Today

○ _____
○ _____
○ _____
○ _____
○ _____

## Daily Chores

○ _____
○ _____
○ _____
○ _____
○ _____

## Appointments

____:____    _____

____:____    _____

____:____    _____

____:____    _____

Hydrate ◯ ◯ ◯ ◯ ◯ ◯ ◯

Mood  ☺ 😐 ☹ 🙁 😠

Exercise _____

_____

_____

## For Tomorrow

_____

_____

_____

_____

_____

I Am Grateful For

# Today's Plan

Date: _____

Mon  Tue  Wed  Thu  Fri  Sat  Sun

Today's Goal(s)  _____

_____

_____

## To Do Today

○ _____

○ _____

○ _____

○ _____

○ _____

## Daily Chores

○ _____

○ _____

○ _____

○ _____

○ _____

## Appointments

___:___   _____

___:___   _____

___:___   _____

___:___   _____

Hydrate  ◇ ◇ ◇ ◇ ◇ ◇

Mood  ☺ 😐 ☹ 😢 😠

Exercise  _____

_____

_____

## For Tomorrow

_____

_____

_____

_____

_____

_____

I Am Grateful For

## NOTES

## THOUGHTS

| MONTH: | | | | YEAR: | | |
|:---:|:---:|:---:|:---:|:---:|:---:|:---:|
| S | M | T | W | T | F | S |
| | | | | | | |
| | | | | | | |
| | | | | | | |
| | | | | | | |
| | | | | | | |
| | | | | | | |

_____

_____

_____

_____

_____

_____

## Top 3 Goals For the Week

_____

_____

_____

## To Do

_____

_____

_____

_____

_____

_____

_____

_____

_____

## Things I'm Grateful For

Week of: ____ / ____ to ____ / ____

**MONDAY**

**TUESDAY**

**WEDNESDAY**

**THURSDAY**

**FRIDAY**

**SATURDAY**

**SUNDAY**

# Today's Plan

Date: _____

Mon Tue Wed Thu Fri Sat Sun

Today's Goal(s) _____

_____

_____

## To Do Today

○ _____
○ _____
○ _____
○ _____
○ _____

## Daily Chores

○ _____
○ _____
○ _____
○ _____
○ _____

## Appointments

___:___  _____

___:___  _____

___:___  _____

___:___  _____

Hydrate  ⬭ ⬭ ⬭ ⬭ ⬭ ⬭ ⬭

Mood  ☺ 😐 ☹ 😟 😠

Exercise _____

_____

_____

## For Tomorrow

_____

_____

_____

_____

_____

I Am Grateful For

# Today's Plan

Date: _____

Mon  Tue  Wed  Thu  Fri  Sat  Sun

Today's Goal(s) _____

_____

_____

### To Do Today

○ _____
○ _____
○ _____
○ _____
○ _____

### Daily Chores

○ _____
○ _____
○ _____
○ _____
○ _____

### Appointments

____:____  _____

____:____  _____

____:____  _____

____:____  _____

Hydrate ◇ ◇ ◇ ◇ ◇ ◇ ◇

Mood ☺ 😐 ☹ 😦 😧

Exercise _____

_____

_____

### For Tomorrow

_____

_____

_____

_____

_____

I Am Grateful For

# Today's Plan

Date: _____

Mon Tue Wed Thu Fri Sat Sun

Today's Goal(s) _____

_____

_____

## To Do Today

○ _____

○ _____

○ _____

○ _____

○ _____

## Daily Chores

○ _____

○ _____

○ _____

○ _____

○ _____

## Appointments

___:___  _____

___:___  _____

___:___  _____

___:___  _____

Hydrate  ◊ ◊ ◊ ◊ ◊ ◊ ◊

Mood  ☺ ☺ ☹ ☹ ☹

Exercise _____

_____

_____

## For Tomorrow

_____

_____

_____

_____

_____

I Am Grateful For

# Today's Plan

Date: _____

Mon Tue Wed Thu Fri Sat Sun

Today's Goal(s) _____

_____

_____

### To Do Today

○ _____
○ _____
○ _____
○ _____
○ _____

### Daily Chores

○ _____
○ _____
○ _____
○ _____
○ _____

### Appointments

___:___  _____

___:___  _____

___:___  _____

___:___  _____

Hydrate ◯ ◯ ◯ ◯ ◯ ◯ ◯

Mood ☺ 😐 ☹ ☹ ☹

Exercise _____

_____

_____

### For Tomorrow

_____

_____

_____

_____

_____

I Am Grateful For

# Today's Plan

Date: _____

Mon Tue Wed Thu Fri Sat Sun

Today's Goal(s) _____

_____

_____

To Do Today

○ _____
○ _____
○ _____
○ _____
○ _____

Daily Chores

○ _____
○ _____
○ _____
○ _____
○ _____

Appointments

___:___  _____

___:___  _____

___:___  _____

___:___  _____

Hydrate ◇◇◇◇◇◇◇

Mood ☺ 😐 ☹ 😦 😠

Exercise _____
        _____
        _____

For Tomorrow

_____

_____

_____

_____

_____

I Am Grateful For

# Today's Plan

Date: _____

Mon  Tue  Wed  Thu  Fri  Sat  Sun

Today's Goal(s) _____

_____

_____

## To Do Today

○ _____
○ _____
○ _____
○ _____
○ _____

## Daily Chores

○ _____
○ _____
○ _____
○ _____
○ _____

## Appointments

___:___  _____

___:___  _____

___:___  _____

___:___  _____

Hydrate  ⬡ ⬡ ⬡ ⬡ ⬡ ⬡ ⬡

Mood  ☺ 😐 🙁 ☹ 😖

Exercise _____

_____

_____

## For Tomorrow

_____

_____

_____

_____

_____

I Am Grateful For

# Today's Plan

Date: _____

Mon Tue Wed Thu Fri Sat Sun

Today's Goal(s) _____

_____

_____

## To Do Today

○ _____
○ _____
○ _____
○ _____
○ _____

## Daily Chores

○ _____
○ _____
○ _____
○ _____
○ _____

## Appointments

___:___  _____

___:___  _____

___:___  _____

___:___  _____

Hydrate ⬭⬭⬭⬭⬭⬭⬭

Mood 🙂 😐 🙁 ☹️ 😣

Exercise _____

_____

_____

## For Tomorrow

_____

_____

_____

_____

_____

_____

I Am Grateful For

NOTES

THOUGHTS

| MONTH: | | | | YEAR: | | |
|---|---|---|---|---|---|---|
| S | M | T | W | T | F | S |
| | | | | | | |
| | | | | | | |
| | | | | | | |
| | | | | | | |
| | | | | | | |
| | | | | | | |

_____

_____

_____

_____

_____

_____

_____

Top 3 Goals For the Week

Week of: ____ / ____ to ____ /____

_____

_____

_____

To Do

_____

_____

_____

_____

_____

_____

_____

_____

_____

_____

_____

Things I'm Grateful For

MONDAY

TUESDAY

WEDNESDAY

THURSDAY

FRIDAY

SATURDAY

SUNDAY

# Today's Plan

Date: _____

Mon  Tue  Wed  Thu  Fri  Sat  Sun

Today's Goal(s) _____

_____

_____

## To Do Today

○ _____

○ _____

○ _____

○ _____

○ _____

## Daily Chores

○ _____

○ _____

○ _____

○ _____

○ _____

## Appointments

___:___  _____

___:___  _____

___:___  _____

___:___  _____

Hydrate  ○ ○ ○ ○ ○ ○ ○

Mood  ☺ 😐 🙁 ☹ 😣

Exercise _____

_____

_____

## For Tomorrow

_____

_____

_____

_____

_____

_____

I Am Grateful For

# Today's Plan

Date: _____
Mon  Tue  Wed  Thu  Fri  Sat  Sun

Today's Goal(s)  _____

_____

_____

## To Do Today

○ _____
○ _____
○ _____
○ _____
○ _____

## Daily Chores

○ _____
○ _____
○ _____
○ _____
○ _____

## Appointments

___:___  _____

___:___  _____

___:___  _____

___:___  _____

Hydrate  ◇ ◇ ◇ ◇ ◇ ◇ ◇

Mood  ☺ ☹ ☹ ☹ ☹

Exercise  _____

_____

_____

## For Tomorrow

_____

_____

_____

_____

_____

I Am Grateful For

# Today's Plan

Date: _____

Mon Tue Wed Thu Fri Sat Sun

Today's Goal(s) _____

_____

_____

## To Do Today

○ _____

○ _____

○ _____

○ _____

○ _____

## Daily Chores

○ _____

○ _____

○ _____

○ _____

○ _____

## Appointments

___:___  _____

___:___  _____

___:___  _____

___:___  _____

Hydrate ○○○○○○○

Mood 😊 😐 🙁 ☹️ 😖

Exercise _____

_____

_____

## For Tomorrow

_____

_____

_____

_____

_____

I Am Grateful For

# Today's Plan

Date: _____

Mon Tue Wed Thu Fri Sat Sun

Today's Goal(s) _____

_____

_____

## To Do Today

○ _____
○ _____
○ _____
○ _____
○ _____

## Daily Chores

○ _____
○ _____
○ _____
○ _____
○ _____

## Appointments

___:___ _____

___:___ _____

___:___ _____

___:___ _____

Hydrate ⬠ ⬠ ⬠ ⬠ ⬠ ⬠ ⬠

Mood  ☺ 😐 ☹ 😖 😣

Exercise _____

_____

_____

## For Tomorrow

_____

_____

_____

_____

_____

I Am Grateful For

# Today's Plan

Date: _____

Mon  Tue  Wed  Thu  Fri  Sat  Sun

Today's Goal(s)  _____

_____

_____

## To Do Today

○ _____
○ _____
○ _____
○ _____
○ _____

## Daily Chores

○ _____
○ _____
○ _____
○ _____
○ _____

## Appointments

___:___  _____

___:___  _____

___:___  _____

___:___  _____

Hydrate  ⬦ ⬦ ⬦ ⬦ ⬦ ⬦ ⬦

Mood  ☺ 😐 ☹ ☹ ☹

Exercise  _____

_____

_____

## For Tomorrow

_____

_____

_____

_____

_____

I Am Grateful For

# Today's Plan

Date: _____

Mon  Tue  Wed  Thu  Fri  Sat  Sun

Today's Goal(s) _____

_____

_____

## To Do Today

○ _____

○ _____

○ _____

○ _____

○ _____

## Daily Chores

○ _____

○ _____

○ _____

○ _____

○ _____

## Appointments

___:___  _____

___:___  _____

___:___  _____

___:___  _____

Hydrate  ⬯ ⬯ ⬯ ⬯ ⬯ ⬯ ⬯

Mood  ☺ 😐 ☹ ☹ 😖

Exercise  _____

_____

_____

## For Tomorrow

_____

_____

_____

_____

_____

I Am Grateful For

# Today's Plan

Date: _____

Mon Tue Wed Thu Fri Sat Sun

Today's Goal(s) _____

_____

_____

### To Do Today

○ _____
○ _____
○ _____
○ _____
○ _____

### Daily Chores

○ _____
○ _____
○ _____
○ _____
○ _____

### Appointments

___:___  _____

___:___  _____

___:___  _____

___:___  _____

Hydrate ○ ○ ○ ○ ○ ○ ○

Mood 😊 😐 🙁 ☹️ 😠

Exercise _____

_____

_____

### For Tomorrow

_____

_____

_____

_____

_____

I Am Grateful For

NOTES

THOUGHTS

| MONTH: | | | | | YEAR: | |
|---|---|---|---|---|---|---|
| S | M | T | W | T | F | S |
| | | | | | | |
| | | | | | | |
| | | | | | | |
| | | | | | | |
| | | | | | | |
| | | | | | | |

_____

_____

_____

_____

_____

_____

Top 3 Goals For the Week

Week of: ____ / ____ to ____ /____

_____

_____

_____

To Do

_____

_____

_____

_____

_____

_____

_____

_____

_____

_____

_____

_____

Things I'm Grateful For

| MONDAY |
| --- |
|  |

| TUESDAY |
| --- |
|  |

| WEDNESDAY |
| --- |
|  |

| THURSDAY |
| --- |
|  |

| FRIDAY |
| --- |
|  |

| SATURDAY |
| --- |
|  |

| SUNDAY |
| --- |
|  |

# Today's Plan

Date: _____
Mon  Tue  Wed  Thu  Fri  Sat  Sun

Today's Goal(s)  _____

_____

_____

## To Do Today

○ _____

○ _____

○ _____

○ _____

○ _____

## Daily Chores

○ _____

○ _____

○ _____

○ _____

○ _____

## Appointments

___:___   _____

___:___   _____

___:___   _____

___:___   _____

Hydrate  ◊ ◊ ◊ ◊ ◊ ◊ ◊

Mood  ☺ 😐 ☹ 😟 😠

Exercise  _____

_____

_____

## For Tomorrow

_____

_____

_____

_____

_____

I Am Grateful For

# Today's Plan

Date: _____

Mon Tue Wed Thu Fri Sat Sun

Today's Goal(s) _____

_____

_____

### To Do Today

○ _____
○ _____
○ _____
○ _____
○ _____

### Daily Chores

○ _____
○ _____
○ _____
○ _____
○ _____

### Appointments

___:___  _____

___:___  _____

___:___  _____

___:___  _____

Hydrate ○○○○○○○

Mood ☺ 😐 ☹ 😟 😠

Exercise _____

_____

_____

### For Tomorrow

_____

_____

_____

_____

_____

_____

I Am Grateful For

# Today's Plan

Date: _____

Mon Tue Wed Thu Fri Sat Sun

Today's Goal(s) _____

_____

_____

To Do Today

O _____
O _____
O _____
O _____
O _____

Daily Chores

O _____
O _____
O _____
O _____
O _____

Appointments

___:___   _____

___:___   _____

___:___   _____

___:___   _____

Hydrate  ⬠⬠⬠⬠⬠⬠⬠

Mood  ☺ 😐 ☹ ☹ 😣

Exercise _____

_____

_____

For Tomorrow

_____

_____

_____

_____

_____

I Am Grateful For

# Today's Plan

Date: _____

Mon  Tue  Wed  Thu  Fri  Sat  Sun

Today's Goal(s)  _____

_____

_____

## To Do Today

○ _____
○ _____
○ _____
○ _____
○ _____

## Daily Chores

○ _____
○ _____
○ _____
○ _____
○ _____

## Appointments

___:___  _____

___:___  _____

___:___  _____

___:___  _____

Hydrate  ○ ○ ○ ○ ○ ○ ○

Mood  ☺ 😐 ☹ ☹ 😠

Exercise  _____

_____

_____

## For Tomorrow

_____

_____

_____

_____

_____

I Am Grateful For

# Today's Plan

Date: _____

Mon Tue Wed Thu Fri Sat Sun

Today's Goal(s) _____

_____

_____

To Do Today

○ _____
○ _____
○ _____
○ _____
○ _____

Daily Chores

○ _____
○ _____
○ _____
○ _____
○ _____

Appointments

___:___  _____

___:___  _____

___:___  _____

___:___  _____

Hydrate ◊ ◊ ◊ ◊ ◊ ◊ ◊

Mood  😊 😐 🙁 ☹️ 😠

Exercise _____

_____

_____

For Tomorrow

_____

_____

_____

_____

_____

I Am Grateful For

# Today's Plan

Date: _____

Today's Goal(s)  _____

_____

_____

### To Do Today

O _____

O _____

O _____

O _____

O _____

### Daily Chores

O _____

O _____

O _____

O _____

O _____

### Appointments

___:___  _____

___:___  _____

___:___  _____

___:___  _____

Hydrate ◇ ◇ ◇ ◇ ◇ ◇ ◇

Mood ☺ 😐 ☹ 😟 😠

Exercise _____

_____

_____

### For Tomorrow

_____

_____

_____

_____

_____

I Am Grateful For

# Today's Plan

Date: _____

Mon  Tue  Wed  Thu  Fri  Sat  Sun

Today's Goal(s) _____

_____

_____

### To Do Today

O _____

O _____

O _____

O _____

O _____

### Daily Chores

O _____

O _____

O _____

O _____

O _____

### Appointments

___:___   _____

___:___   _____

___:___   _____

___:___   _____

Hydrate  ◊ ◊ ◊ ◊ ◊ ◊ ◊

Mood  ☺ 😐 ☹ 😞 😠

Exercise  _____

_____

_____

### For Tomorrow

_____

_____

_____

_____

_____

I Am Grateful For

NOTES

THOUGHTS

| MONTH: | | | | YEAR: | | |
|:---:|:---:|:---:|:---:|:---:|:---:|:---:|
| S | M | T | W | T | F | S |
| | | | | | | |
| | | | | | | |
| | | | | | | |
| | | | | | | |
| | | | | | | |
| | | | | | | |

_____

_____

_____

_____

_____

_____

Top 3 Goals For the Week

Week of: _____ / _____ to _____ / _____

_____

_____

_____

To Do

_____

_____

_____

_____

_____

_____

_____

_____

_____

_____

_____

Things I'm Grateful For

| MONDAY |
| --- |
|  |

| TUESDAY |
| --- |
|  |

| WEDNESDAY |
| --- |
|  |

| THURSDAY |
| --- |
|  |

| FRIDAY |
| --- |
|  |

| SATURDAY |
| --- |
|  |

| SUNDAY |
| --- |
|  |

# Today's Plan

Date: _____
Mon  Tue  Wed  Thu  Fri  Sat  Sun

Today's Goal(s) _____

_____

_____

To Do Today

O _____
O _____
O _____
O _____
O _____

Daily Chores

O _____
O _____
O _____
O _____
O _____

Appointments

___:___  _____

___:___  _____

___:___  _____

___:___  _____

Hydrate  ⬤ ⬤ ⬤ ⬤ ⬤ ⬤ ⬤

Mood  ☺ 😐 ☹ ☹ ☹

Exercise _____

_____

_____

For Tomorrow

_____

_____

_____

_____

_____

_____

I Am Grateful For

# Today's Plan

Date: _____

Mon  Tue  Wed  Thu  Fri  Sat  Sun

Today's Goal(s) _____

_____

_____

## To Do Today

○ _____

○ _____

○ _____

○ _____

○ _____

## Daily Chores

○ _____

○ _____

○ _____

○ _____

○ _____

## Appointments

___:___  _____

___:___  _____

___:___  _____

___:___  _____

Hydrate  ○○○○○○○○

Mood  ☺ 😐 ☹ ☹ 😠

Exercise _____

_____

_____

## For Tomorrow

_____

_____

_____

_____

_____

_____

I Am Grateful For

# Today's Plan

Date: _____

Mon Tue Wed Thu Fri Sat Sun

Today's Goal(s) _____

_____

_____

To Do Today

○ _____
○ _____
○ _____
○ _____
○ _____

Daily Chores

○ _____
○ _____
○ _____
○ _____
○ _____

Appointments

___:___  _____

___:___  _____

___:___  _____

___:___  _____

Hydrate  ◇ ◇ ◇ ◇ ◇ ◇ ◇

Mood  ☺ 😐 ☹ 😦 😠

Exercise _____

_____

_____

For Tomorrow

_____

_____

_____

_____

_____

I Am Grateful For

# Today's Plan

Date: _____

Mon  Tue  Wed  Thu  Fri  Sat  Sun

Today's Goal(s) _____

_____

_____

## To Do Today

○ _____

○ _____

○ _____

○ _____

○ _____

## Daily Chores

○ _____

○ _____

○ _____

○ _____

○ _____

## Appointments

___:___  _____

___:___  _____

___:___  _____

___:___  _____

Hydrate  ◇ ◇ ◇ ◇ ◇ ◇ ◇

Mood  ☺ 😐 ☹ 😦 😠

Exercise _____

_____

_____

## For Tomorrow

_____

_____

_____

_____

_____

I Am Grateful For

# Today's Plan

Date: _____

Mon  Tue  Wed  Thu  Fri  Sat  Sun

Today's Goal(s)  _____

_____

_____

## To Do Today

○ _____
○ _____
○ _____
○ _____
○ _____

## Daily Chores

○ _____
○ _____
○ _____
○ _____
○ _____

## Appointments

___:___  _____

___:___  _____

___:___  _____

___:___  _____

Hydrate  ◊ ◊ ◊ ◊ ◊ ◊ ◊

Mood  ☺ 😐 ☹ 😦 😠

Exercise  _____

_____

_____

## For Tomorrow

_____

_____

_____

_____

_____

_____

I Am Grateful For

# Today's Plan

Date: _____
Mon Tue Wed Thu Fri Sat Sun

Today's Goal(s) _____
_____
_____

To Do Today

○ _____
○ _____
○ _____
○ _____
○ _____

Daily Chores

○ _____
○ _____
○ _____
○ _____
○ _____

Appointments

___:___  _____

___:___  _____

___:___  _____

___:___  _____

| Hydrate | ◊ ◊ ◊ ◊ ◊ ◊ ◊ |
| Mood | ☺ 😐 ☹ ☹ 😣 |
| Exercise | _____ |
| | _____ |
| | _____ |

For Tomorrow

_____
_____
_____
_____
_____

I Am Grateful For

# Today's Plan

Date: _____

Mon  Tue  Wed  Thu  Fri  Sat  Sun

Today's Goal(s) _____

_____

_____

To Do Today

○ _____

○ _____

○ _____

○ _____

○ _____

Daily Chores

○ _____

○ _____

○ _____

○ _____

○ _____

Appointments

___:___  _____

___:___  _____

___:___  _____

___:___  _____

Hydrate  ⬭ ⬭ ⬭ ⬭ ⬭ ⬭ ⬭

Mood  ☺ 😐 ☹ 😟 😖

Exercise _____

_____

_____

For Tomorrow

_____

_____

_____

_____

_____

_____

I Am Grateful For

## NOTES

## THOUGHTS

| MONTH: | | | | YEAR: | | |
|---|---|---|---|---|---|---|
| S | M | T | W | T | F | S |
| | | | | | | |
| | | | | | | |
| | | | | | | |
| | | | | | | |
| | | | | | | |
| | | | | | | |

_____

_____

_____

_____

_____

_____

## Top 3 Goals For the Week

Week of: ____ / ____ to ____ / ____

_____

_____

_____

## To Do

_____

_____

_____

_____

_____

_____

_____

_____

_____

_____

_____

## Things I'm Grateful For

| MONDAY |
| --- |
|  |

| TUESDAY |
| --- |
|  |

| WEDNESDAY |
| --- |
|  |

| THURSDAY |
| --- |
|  |

| FRIDAY |
| --- |
|  |

| SATURDAY |
| --- |
|  |

| SUNDAY |
| --- |
|  |

# Today's Plan

Date: _____

Mon Tue Wed Thu Fri Sat Sun

Today's Goal(s) _____

_____

_____

### To Do Today

○ _____
○ _____
○ _____
○ _____
○ _____

### Daily Chores

○ _____
○ _____
○ _____
○ _____
○ _____

### Appointments

___:___  _____

___:___  _____

___:___  _____

___:___  _____

Hydrate  ◊ ◊ ◊ ◊ ◊ ◊ ◊

Mood  ☺ 😐 ☹ 😧 😠

Exercise _____

_____

_____

### For Tomorrow

_____

_____

_____

_____

_____

I Am Grateful For

# Today's Plan

Date: _____
Mon Tue Wed Thu Fri Sat Sun

Today's Goal(s) _____

_____

_____

### To Do Today

○ _____
○ _____
○ _____
○ _____
○ _____

### Daily Chores

○ _____
○ _____
○ _____
○ _____
○ _____

### Appointments

___:___  _____
___:___  _____
___:___  _____
___:___  _____

Hydrate ◊ ◊ ◊ ◊ ◊ ◊ ◊

Mood ☺ 😐 ☹ 😟 😠

Exercise _____

_____

_____

### For Tomorrow

_____

_____

_____

_____

_____

I Am Grateful For

# Today's Plan

Date: _____

Mon Tue Wed Thu Fri Sat Sun

Today's Goal(s) _____

_____

_____

## To Do Today

○ _____

○ _____

○ _____

○ _____

○ _____

## Daily Chores

○ _____

○ _____

○ _____

○ _____

○ _____

## Appointments

___:___   _____

___:___   _____

___:___   _____

___:___   _____

Hydrate ○ ○ ○ ○ ○ ○ ○

Mood ☺ 😐 ☹ ☹ ☹

Exercise _____

_____

_____

## For Tomorrow

_____

_____

_____

_____

_____

I Am Grateful For

# Today's Plan

Date: _____

Mon  Tue  Wed  Thu  Fri  Sat  Sun

Today's Goal(s)  _____

_____

_____

### To Do Today

○ _____

○ _____

○ _____

○ _____

○ _____

### Daily Chores

○ _____

○ _____

○ _____

○ _____

○ _____

### Appointments

___:___  _____

___:___  _____

___:___  _____

___:___  _____

Hydrate  ⬡ ⬡ ⬡ ⬡ ⬡ ⬡ ⬡

Mood  ☺ 😐 ☹ 😦 😠

Exercise  _____

_____

_____

### For Tomorrow

_____

_____

_____

_____

_____

I Am Grateful For

# Today's Plan

Date: _____

Mon  Tue  Wed  Thu  Fri  Sat  Sun

Today's Goal(s)  _____

_____

_____

## To Do Today

○ _____
○ _____
○ _____
○ _____
○ _____

## Daily Chores

○ _____
○ _____
○ _____
○ _____
○ _____

## Appointments

___:___  _____

___:___  _____

___:___  _____

___:___  _____

Hydrate ○ ○ ○ ○ ○ ○ ○

Mood 😊 😐 🙁 ☹️ 😠

Exercise _____

_____

_____

## For Tomorrow

_____

_____

_____

_____

_____

_____

I Am Grateful For

# Today's Plan

Date: _____

Mon Tue Wed Thu Fri Sat Sun

Today's Goal(s) _____

_____

_____

## To Do Today

○ _____

○ _____

○ _____

○ _____

○ _____

## Daily Chores

○ _____

○ _____

○ _____

○ _____

○ _____

## Appointments

___:___  _____

___:___  _____

___:___  _____

___:___  _____

Hydrate ⬭ ⬭ ⬭ ⬭ ⬭ ⬭ ⬭

Mood ☺ 😐 ☹ 😟 😠

Exercise _____

_____

_____

## For Tomorrow

_____

_____

_____

_____

_____

I Am Grateful For

# Today's Plan

Date: _____
Mon Tue Wed Thu Fri Sat Sun

Today's Goal(s) _____

_____

_____

### To Do Today

○ _____
○ _____
○ _____
○ _____
○ _____

### Daily Chores

○ _____
○ _____
○ _____
○ _____
○ _____

### Appointments

___:___  _____

___:___  _____

___:___  _____

___:___  _____

Hydrate ○ ○ ○ ○ ○ ○ ○

Mood ☺ 😐 ☹ 😦 😠

Exercise _____

_____

_____

### For Tomorrow

_____

_____

_____

_____

_____

I Am Grateful For

NOTES

THOUGHTS

| MONTH: | | | | YEAR: | | |
|--------|---|---|---|---|---|---|
| S | M | T | W | T | F | S |
|   |   |   |   |   |   |   |
|   |   |   |   |   |   |   |
|   |   |   |   |   |   |   |
|   |   |   |   |   |   |   |
|   |   |   |   |   |   |   |
|   |   |   |   |   |   |   |

_____

_____

_____

_____

_____

_____

Top 3 Goals For the Week

Week of: ____ / ____ to ____ / ____

_____

_____

_____

To Do

_____

_____

_____

_____

_____

_____

_____

_____

_____

_____

_____

Things I'm Grateful For

| MONDAY |
| --- |
| |

| TUESDAY |
| --- |
| |

| WEDNESDAY |
| --- |
| |

| THURSDAY |
| --- |
| |

| FRIDAY |
| --- |
| |

| SATURDAY |
| --- |
| |

| SUNDAY |
| --- |
| |

# Today's Plan

Date: _____

Mon Tue Wed Thu Fri Sat Sun

Today's Goal(s) _____

_____

_____

## To Do Today

○ _____
○ _____
○ _____
○ _____
○ _____

## Daily Chores

○ _____
○ _____
○ _____
○ _____
○ _____

## Appointments

___:___ _____

___:___ _____

___:___ _____

___:___ _____

Hydrate ⬯ ⬯ ⬯ ⬯ ⬯ ⬯ ⬯

Mood 😊 😐 ☹️ 🙁 😣

Exercise _____

_____

_____

## For Tomorrow

_____

_____

_____

_____

_____

_____

I Am Grateful For

# Today's Plan

Date: _____

Mon Tue Wed Thu Fri Sat Sun

Today's Goal(s) _____

_____

_____

## To Do Today

O _____

O _____

O _____

O _____

O _____

## Daily Chores

O _____

O _____

O _____

O _____

O _____

## Appointments

___:___  _____

___:___  _____

___:___  _____

___:___  _____

Hydrate

Mood

Exercise _____

_____

_____

## For Tomorrow

_____

_____

_____

_____

_____

_____

I Am Grateful For

# Today's Plan

Date: _____

Mon  Tue  Wed  Thu  Fri  Sat  Sun

Today's Goal(s) _____

_____

_____

To Do Today

○ _____
○ _____
○ _____
○ _____
○ _____

Daily Chores

○ _____
○ _____
○ _____
○ _____
○ _____

Appointments

___:___  _____

___:___  _____

___:___  _____

___:___  _____

Hydrate  ◇ ◇ ◇ ◇ ◇ ◇ ◇

Mood  ☺ ☺ ☹ ☹ ☹

Exercise _____

_____

_____

For Tomorrow

_____

_____

_____

_____

_____

_____

I Am Grateful For

# Today's Plan

Today's Goal(s) _____

_____

_____

To Do Today

○ _____
○ _____
○ _____
○ _____
○ _____

Daily Chores

○ _____
○ _____
○ _____
○ _____
○ _____

Appointments

___:___   _____

___:___   _____

___:___   _____

___:___   _____

Hydrate  ⬠ ⬠ ⬠ ⬠ ⬠ ⬠ ⬠

Mood  ☺ 😐 ☹ ☹ 😠

Exercise _____

_____

_____

For Tomorrow

_____

_____

_____

_____

_____

I Am Grateful For

# Today's Plan

Date: _____

Mon  Tue  Wed  Thu  Fri  Sat  Sun

Today's Goal(s) _____

_____

_____

To Do Today

O _____

O _____

O _____

O _____

O _____

Daily Chores

O _____

O _____

O _____

O _____

O _____

Appointments

___:___  _____

___:___  _____

___:___  _____

___:___  _____

Hydrate  ◊ ◊ ◊ ◊ ◊ ◊ ◊

Mood  ☺ 😐 ☹ 😟 😠

Exercise _____

_____

_____

For Tomorrow

_____

_____

_____

_____

_____

I Am Grateful For

# Today's Plan

Date: _____

Mon  Tue  Wed  Thu  Fri  Sat  Sun

Today's Goal(s)  _____

_____

_____

## To Do Today

○ _____

○ _____

○ _____

○ _____

○ _____

## Daily Chores

○ _____

○ _____

○ _____

○ _____

○ _____

## Appointments

___:___  _____

___:___  _____

___:___  _____

___:___  _____

Hydrate  ◇ ◇ ◇ ◇ ◇ ◇ ◇

Mood  ☺ ☷ ☹ ☹ ☹

Exercise  _____

_____

_____

## For Tomorrow

_____

_____

_____

_____

_____

_____

I Am Grateful For

# Today's Plan

Date: _____

Mon  Tue  Wed  Thu  Fri  Sat  Sun

Today's Goal(s) _____

_____

_____

## To Do Today

O _____

O _____

O _____

O _____

O _____

## Daily Chores

O _____

O _____

O _____

O _____

O _____

## Appointments

___:___   _____

___:___   _____

___:___   _____

___:___   _____

Hydrate  ⬭ ⬭ ⬭ ⬭ ⬭ ⬭ ⬭

Mood  ☺ 😐 🙁 ☹ 😠

Exercise _____

_____

_____

## For Tomorrow

_____

_____

_____

_____

_____

I Am Grateful For

## NOTES

## THOUGHTS

| MONTH: | | | | | YEAR: | |
|---|---|---|---|---|---|---|
| S | M | T | W | T | F | S |
| | | | | | | |
| | | | | | | |
| | | | | | | |
| | | | | | | |
| | | | | | | |
| | | | | | | |

_____

_____

_____

_____

_____

_____

_____

## Top 3 Goals For the Week

Week of: _____ / _____ to _____ / _____

_____

_____

_____

## To Do

_____

_____

_____

_____

_____

_____

_____

_____

_____

_____

_____

## Things I'm Grateful For

| MONDAY |
| --- |
|  |

| TUESDAY |
| --- |
|  |

| WEDNESDAY |
| --- |
|  |

| THURSDAY |
| --- |
|  |

| FRIDAY |
| --- |
|  |

| SATURDAY |
| --- |
|  |

| SUNDAY |
| --- |
|  |

# Today's Plan

Date: _____

Mon  Tue  Wed  Thu  Fri  Sat  Sun

Today's Goal(s)  _____

_____

_____

## To Do Today

○ _____

○ _____

○ _____

○ _____

○ _____

## Daily Chores

○ _____

○ _____

○ _____

○ _____

○ _____

## Appointments

___:___  _____

___:___  _____

___:___  _____

___:___  _____

Hydrate  ◇ ◇ ◇ ◇ ◇ ◇ ◇

Mood  ☺ 😐 ☹ 😞 😠

Exercise  _____

_____

_____

## For Tomorrow

_____

_____

_____

_____

_____

_____

I Am Grateful For

# Today's Plan

Date: _____

Mon Tue Wed Thu Fri Sat Sun

Today's Goal(s) _____

_____

_____

## To Do Today

○ _____
○ _____
○ _____
○ _____
○ _____

## Daily Chores

○ _____
○ _____
○ _____
○ _____
○ _____

## Appointments

___:___  _____

___:___  _____

___:___  _____

___:___  _____

Hydrate  ⬭ ⬭ ⬭ ⬭ ⬭ ⬭ ⬭

Mood  ☺ 😐 ☹ 😦 😠

Exercise _____

_____

_____

## For Tomorrow

_____

_____

_____

_____

_____

I Am Grateful For

# Today's Plan

Date: _____

Mon Tue Wed Thu Fri Sat Sun

Today's Goal(s) _____

_____

_____

## To Do Today

O _____

O _____

O _____

O _____

O _____

## Daily Chores

O _____

O _____

O _____

O _____

O _____

## Appointments

___:___  _____

___:___  _____

___:___  _____

___:___  _____

Hydrate ⬭⬭⬭⬭⬭⬭⬭

Mood  ☺ 😐 ☹ 😦 😠

Exercise _____

_____

_____

## For Tomorrow

_____

_____

_____

_____

_____

_____

I Am Grateful For

# Today's Plan

Date: _____

Mon Tue Wed Thu Fri Sat Sun

Today's Goal(s) _____

_____

_____

## To Do Today

○ _____
○ _____
○ _____
○ _____
○ _____

## Daily Chores

○ _____
○ _____
○ _____
○ _____
○ _____

## Appointments

___:___  _____
___:___  _____
___:___  _____
___:___  _____

Hydrate ⬡⬡⬡⬡⬡⬡⬡

Mood ☺ 😐 ☹ ☹ ☹

Exercise _____
_____
_____

## For Tomorrow

_____
_____
_____
_____
_____

I Am Grateful For

# Today's Plan

Date: _____

Mon  Tue  Wed  Thu  Fri  Sat  Sun

Today's Goal(s) _____

_____

_____

## To Do Today

○ _____

○ _____

○ _____

○ _____

○ _____

## Daily Chores

○ _____

○ _____

○ _____

○ _____

○ _____

## Appointments

___:___  _____

___:___  _____

___:___  _____

___:___  _____

Hydrate  ◌ ◌ ◌ ◌ ◌ ◌ ◌

Mood  ☺ 😐 ☹ 😟 😣

Exercise _____

_____

_____

## For Tomorrow

_____

_____

_____

_____

_____

_____

I Am Grateful For

# Today's Plan

Date: _____
Mon Tue Wed Thu Fri Sat Sun

Today's Goal(s) _____

_____

_____

To Do Today

○ _____
○ _____
○ _____
○ _____
○ _____

Daily Chores

○ _____
○ _____
○ _____
○ _____
○ _____

Appointments

___:___  _____

___:___  _____

___:___  _____

___:___  _____

Hydrate ⬭⬭⬭⬭⬭⬭⬭

Mood ☺ 😐 ☹ 😦 😫

Exercise _____

_____

_____

For Tomorrow

_____

_____

_____

_____

_____

I Am Grateful For

# Today's Plan

Date: _____

Mon  Tue  Wed  Thu  Fri  Sat  Sun

Today's Goal(s) _____

_____

_____

### To Do Today

○ _____

○ _____

○ _____

○ _____

○ _____

### Daily Chores

○ _____

○ _____

○ _____

○ _____

○ _____

### Appointments

___:___  _____

___:___  _____

___:___  _____

___:___  _____

Hydrate  ◊ ◊ ◊ ◊ ◊ ◊ ◊

Mood  ☺ 😐 ☹ ☹ 😠

Exercise _____

_____

_____

### For Tomorrow

_____

_____

_____

_____

_____

I Am Grateful For

NOTES

THOUGHTS

| MONTH: | | | | | YEAR: | |
|--------|---|---|---|---|--------|---|
| S | M | T | W | T | F | S |
| | | | | | | |
| | | | | | | |
| | | | | | | |
| | | | | | | |
| | | | | | | |
| | | | | | | |

_____

_____

_____

_____

_____

_____

## Top 3 Goals For the Week

Week of: _____ / _____ to _____ / _____

_____

_____

_____

## To Do

_____

_____

_____

_____

_____

_____

_____

_____

_____

_____

_____

## Things I'm Grateful For

| MONDAY |
| --- |
|  |

| TUESDAY |
| --- |
|  |

| WEDNESDAY |
| --- |
|  |

| THURSDAY |
| --- |
|  |

| FRIDAY |
| --- |
|  |

| SATURDAY |
| --- |
|  |

| SUNDAY |
| --- |
|  |

# Today's Plan

Date: _____

Mon  Tue  Wed  Thu  Fri  Sat  Sun

Today's Goal(s)  _____

_____

_____

To Do Today

○ _____
○ _____
○ _____
○ _____
○ _____

Daily Chores

○ _____
○ _____
○ _____
○ _____
○ _____

Appointments

___:___  _____
___:___  _____
___:___  _____
___:___  _____

Hydrate  ⬭ ⬭ ⬭ ⬭ ⬭ ⬭ ⬭

Mood  ☺ 😐 ☹ 😦 😠

Exercise  _____

_____

_____

For Tomorrow

_____

_____

_____

_____

_____

I Am Grateful For

# Today's Plan

Date: _____
Mon  Tue  Wed  Thu  Fri  Sat  Sun

Today's Goal(s) _____
_____
_____

To Do Today

○ _____
○ _____
○ _____
○ _____
○ _____

Daily Chores

○ _____
○ _____
○ _____
○ _____
○ _____

Appointments

___:___  _____
___:___  _____
___:___  _____
___:___  _____

Hydrate  ⬭ ⬭ ⬭ ⬭ ⬭ ⬭ ⬭
Mood  ☺ 😐 ☹ ☹ 😣
Exercise  _____
_____
_____

For Tomorrow

_____
_____
_____
_____
_____
_____

I Am Grateful For

# Today's Plan

Date: _____

Mon  Tue  Wed  Thu  Fri  Sat  Sun

Today's Goal(s) _____

_____

_____

## To Do Today

○ _____

○ _____

○ _____

○ _____

○ _____

## Daily Chores

○ _____

○ _____

○ _____

○ _____

○ _____

## Appointments

___:___  _____

___:___  _____

___:___  _____

___:___  _____

Hydrate  ⬭ ⬭ ⬭ ⬭ ⬭ ⬭ ⬭

Mood  ☺ 😐 ☹ 😞 😣

Exercise  _____

_____

_____

## For Tomorrow

_____

_____

_____

_____

_____

I Am Grateful For

# Today's Plan

Date: _____
Mon Tue Wed Thu Fri Sat Sun

Today's Goal(s) _____
_____
_____

To Do Today

○ _____
○ _____
○ _____
○ _____
○ _____

Daily Chores

○ _____
○ _____
○ _____
○ _____
○ _____

Appointments

___:___  _____

___:___  _____

___:___  _____

___:___  _____

Hydrate ⬡ ⬡ ⬡ ⬡ ⬡ ⬡ ⬡

Mood ☺ 😐 ☹ ☹ 😣

Exercise _____
_____
_____

For Tomorrow

_____
_____
_____
_____
_____

I Am Grateful For

# Today's Plan

Date: _____
Mon  Tue  Wed  Thu  Fri  Sat  Sun

Today's Goal(s) _____
_____
_____

### To Do Today

○ _____
○ _____
○ _____
○ _____
○ _____

### Daily Chores

○ _____
○ _____
○ _____
○ _____
○ _____

### Appointments

____:____  _____
____:____  _____
____:____  _____
____:____  _____

Hydrate  ⬤ ⬤ ⬤ ⬤ ⬤ ⬤ ⬤

Mood  ☺ 😐 ☹ ☹ 😠

Exercise _____
_____
_____

### For Tomorrow

_____
_____
_____
_____
_____
_____

I Am Grateful For

# Today's Plan

Date: _____

Mon Tue Wed Thu Fri Sat Sun

Today's Goal(s) _____

_____

_____

### To Do Today

○ _____

○ _____

○ _____

○ _____

○ _____

### Daily Chores

○ _____

○ _____

○ _____

○ _____

○ _____

### Appointments

___:___   _____

___:___   _____

___:___   _____

___:___   _____

Hydrate  ◯ ◯ ◯ ◯ ◯ ◯ ◯

Mood  ☺ 😐 ☹ ☹ 😠

Exercise _____

_____

_____

### For Tomorrow

_____

_____

_____

_____

_____

_____

I Am Grateful For

# Today's Plan

Date: _____

Mon Tue Wed Thu Fri Sat Sun

Today's Goal(s) _____

_____

_____

## To Do Today

○ _____
○ _____
○ _____
○ _____
○ _____

## Daily Chores

○ _____
○ _____
○ _____
○ _____
○ _____

## Appointments

___:___   _____

___:___   _____

___:___   _____

___:___   _____

Hydrate ○○○○○○○

Mood  😊 😐 🙁 ☹️ 😣

Exercise _____

_____

_____

## For Tomorrow

_____

_____

_____

_____

_____

I Am Grateful For

NOTES

THOUGHTS